Chère Thérèse

Tu sais combien nous t'aimons.

Tu as toujours été là pour nous, on te connais bien mais nous aimerions en savoir plus sur toi.

Nous t'offrons ce livre afin que tu nous écrives l'histoire de ta vie.

En répondant à de nombreuses questions dans ce livre, tu vas pouvoir nous raconter les moments les plus importants de ta vie, tes joies, tes peines, tes doutes, tes ami(e)s, ta famille . . .

Cela nous permettra de connaître les différentes étapes de ta vie et de comprendre le cheminement qui t'as amené à être la femme que tu es aujourd'hui

Raconte-nous des anecdotes et n'hésite pas à coller beaucoup de photos.

Merci

1

Chère Thérèse

Dis-nous tout sur toi

Date : .. / .. / ....
Lieu : . . . .
Note :

____

____

____

____

____

____

Date : .. / .. / ....
Lieu : . . . .
Note :

____

____

____

____

____

Sommaire

Tes racines

Tes racines

TA MAMIE

Nom et Prénom :

....

....

Née le :

....

À :

....

TON PAPI

Nom et Prénom :

....

....

Né le :

....

À :

....

TA MAMIE

Nom et Prénom :

....

....

Née le :

....

À :

....

TON PAPI

Nom et Prénom :

....

....

Né le :

....

À :

....

TA MAMAN

Nom et Prénom :

....

Née le :

....

À :

....

TON PAPA

Nom et Prénom :

....

Né le :

....

À :

....

TOI

Nom et Prénom :

....

Née le :

....

À :

....

Tes grands parents du côté de ta maman

Tes grands parents du côté de ta maman

Dis-nous tout sur tes arrières grands-parents.

Des souvenirs de tes arrières grands-parents

Dis-nous tout sur tes grands-parents

Des souvenirs de tes grands-parents

Qu'est-ce que tes grands-parents ont dit sur leur vie ?

Des photos de tes grands-parents

Tes grands parents du côté de ta maman

Dis-nous tout sur tes arrières grands-parents

Tes grands parents du côté de ta maman

Des souvenirs de tes arrières grands-parents

Tes grands parents du côté de ta maman

Dis-nous tout sur tes grands-parents

Tes grands parents du côté de ta maman

Des souvenirs de tes grands-parents

Tes grands parents du côté de ta maman

Qu'est-ce que tes grands-parents ont dit sur leur vie ?

Tes grands parents du côté de ta maman

Date : .. / .. / ....
Lieu : . . . .
Note :

Date : .. / .. / ....
Lieu : . . . .
Note :

Tes grands parents du côté de ta maman

Date : .. / .. / ....
Lieu : . . . .
Note :

Date : .. / .. / ....
Lieu : . . . .
Note :

Tes grands parents
du côté de ton papa

Tes grands parents du côté de ton papa

🎀 Dis-nous tout sur tes arrières grands-parents.

🎀 Des souvenirs de tes arrières grands-parents

🎀 Dis-nous tout sur tes grands-parents

🎀 Des souvenirs de tes grands-parents

🎀 Qu'est-ce que tes grands-parents ont dit sur leur vie ?

🎀 Des photos de tes grands-parents

Tes grands parents du côté de ton papa

Dis-nous tout sur tes arrières grands-parents

Tes grands parents du côté de ton papa

Des souvenirs de tes arrières grands-parents

Tes grands parents du côté de ton papa

Dis-nous tout sur tes grands-parents

Tes grands parents du côté de ton papa

Des souvenirs de tes grands-parents

Tes grands parents du côté de ton papa

Qu'est-ce que tes grands-parents ont dit sur leur vie ?

Tes grands parents du côté de ton papa

Date : .. / .. / ....
Lieu : . . . .
Note :

Date : .. / .. / ....
Lieu : . . . .
Note :

Tes grands parents du côté de ton papa

Date : .. / .. / ....
Lieu : . . . .
Note :

Date : .. / .. / ....
Lieu : . . . .
Note :

Ta maman

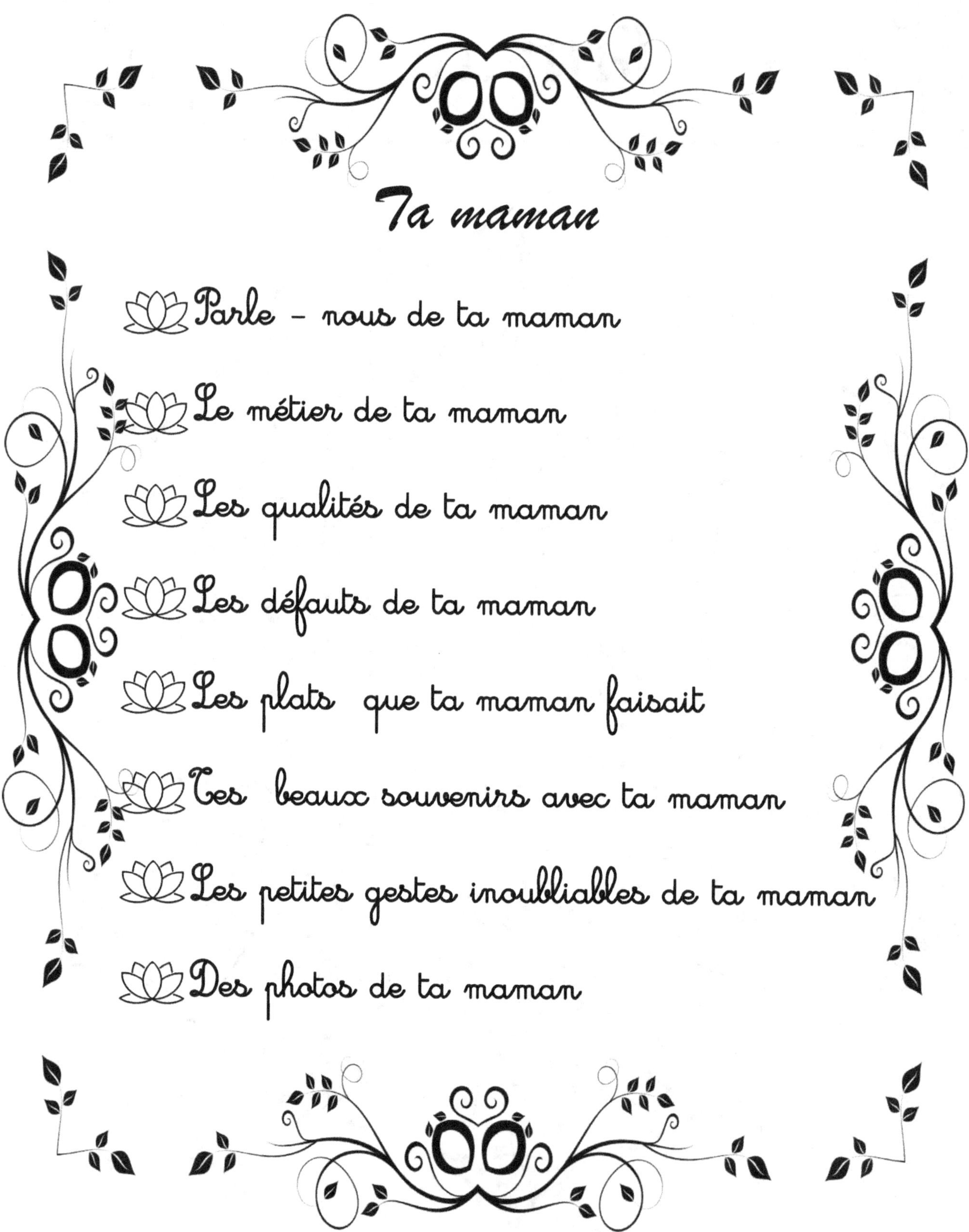

Ta maman

- Parle – nous de ta maman
- Le métier de ta maman
- Les qualités de ta maman
- Les défauts de ta maman
- Les plats que ta maman faisait
- Tes beaux souvenirs avec ta maman
- Les petites gestes inoubliables de ta maman
- Des photos de ta maman

Ta maman

Parle - nous de ta maman

Ta maman

Le métier de ta maman

Ta maman

Les qualités de ta maman

Ta maman

Les défauts de ta maman

Ta maman

Les plats que ta maman faisait

Ta maman

Tes beaux souvenirs avec ta maman

Ta maman

Les petites gestes inoubliables de ta maman

Des photos de Ta maman

Date : .. / .. / ....
Lieu : . . . .
Note :

Date : .. / .. / ....
Lieu : . . . .
Note :

Des photos de Ta maman

Date : .. / .. / ....
Lieu : . . . .
Note :

Date : .. / .. / ....
Lieu : . . . .
Note :

Ton papa

Ton papa

- Parle – nous de ton papa
- Le métier de ton papa
- Les qualités de ton papa
- Les défauts de ton papa
- Les plats que ton papa faisait
- Tes beaux souvenirs avec ton papa
- Les petites gestes inoubliables de ton papa
- Des photos de ton papa

Ton papa

Parle - nous de ton papa

Ton papa

Le métier de ton papa

Ton papa

Les qualités de ton papa

Ton papa

Les défauts de ton papa

Ton papa

Les plats que ton papa faisait

Ton papa

Tes beaux souvenirs avec ton papa

Ton papa

Les petites gestes inoubliables de ton papa

Des photos de Ton Papa

Date : .. / .. / ....
Lieu : . . . .
Note :

Date : .. / .. / ....
Lieu : . . . .
Note :

Des photos de Ton Papa

Date : .. / .. / ....

Lieu : . . . .

Note :

Date : .. / .. / ....

Lieu : . . . .

Note :

Tes frères et sœurs

Tes frères et sœurs

Parle - nous de tes frères et sœurs

Des photos de tes frères et sœurs

Tes frères et sœurs

Parle – nous de tes frères et sœurs

Tes frères et sœurs

Parle - nous de tes frères et sœurs

Tes frères et sœurs

Parle - nous de tes frères et sœurs

Des photos de tes frères et sœurs

Date : .. / .. / ....
Lieu : . . . .
Note :

Date : .. / .. / ....
Lieu : . . . .
Note :

Des photos de tes frères et sœurs

Date : .. / .. / ....
Lieu : . . . .
Note :

Date : .. / .. / ....
Lieu : . . . .
Note :

Tes cousins et cousines

Tes cousins et cousines

Parle - nous de tes cousins et cousines

Des photos de tes cousins et cousines

Tes cousins et cousines

Parle – nous de tes cousins et cousines

Tes cousins et cousines

Parle – nous de tes cousins et cousines

Tes cousins et cousines

Parle - nous de tes cousins et cousines

Des photos de tes cousins et cousines

Date : .. / .. / ....

Lieu : . . . .

Note :

Date : .. / .. / ....

Lieu : . . . .

Note :

Des photos de tes cousins et cousines

Date : .. / .. / ....
Lieu : . . . .
Note :

Date : .. / .. / ....
Lieu : . . . .
Note :

Tes oncles et tantes

Tes oncles et tantes

Parle – nous de tes oncles et tantes

Des photos de tes oncles et tantes

Tes oncles et tantes

Parle – nous de tes oncles et tantes

Tes oncles et tantes

Parle – nous de tes oncles et tantes

Tes oncles et tantes

Parle – nous de tes oncles et tantes

Des photos de tes oncles et tantes

Date : .. / .. / ....
Lieu : . . . .
Note :

Date : .. / .. / ....
Lieu : . . . .
Note :

Des photos de tes oncles et tantes

Date : .. / .. / ....
Lieu : . . . .
Note :

____

____

____

____

____

____

Date : .. / .. / ....
Lieu : . . . .
Note :

____

____

____

____

____

____

Ta naissance

Date : . . / . . / . . . .

Lieu : . . . .

Note :

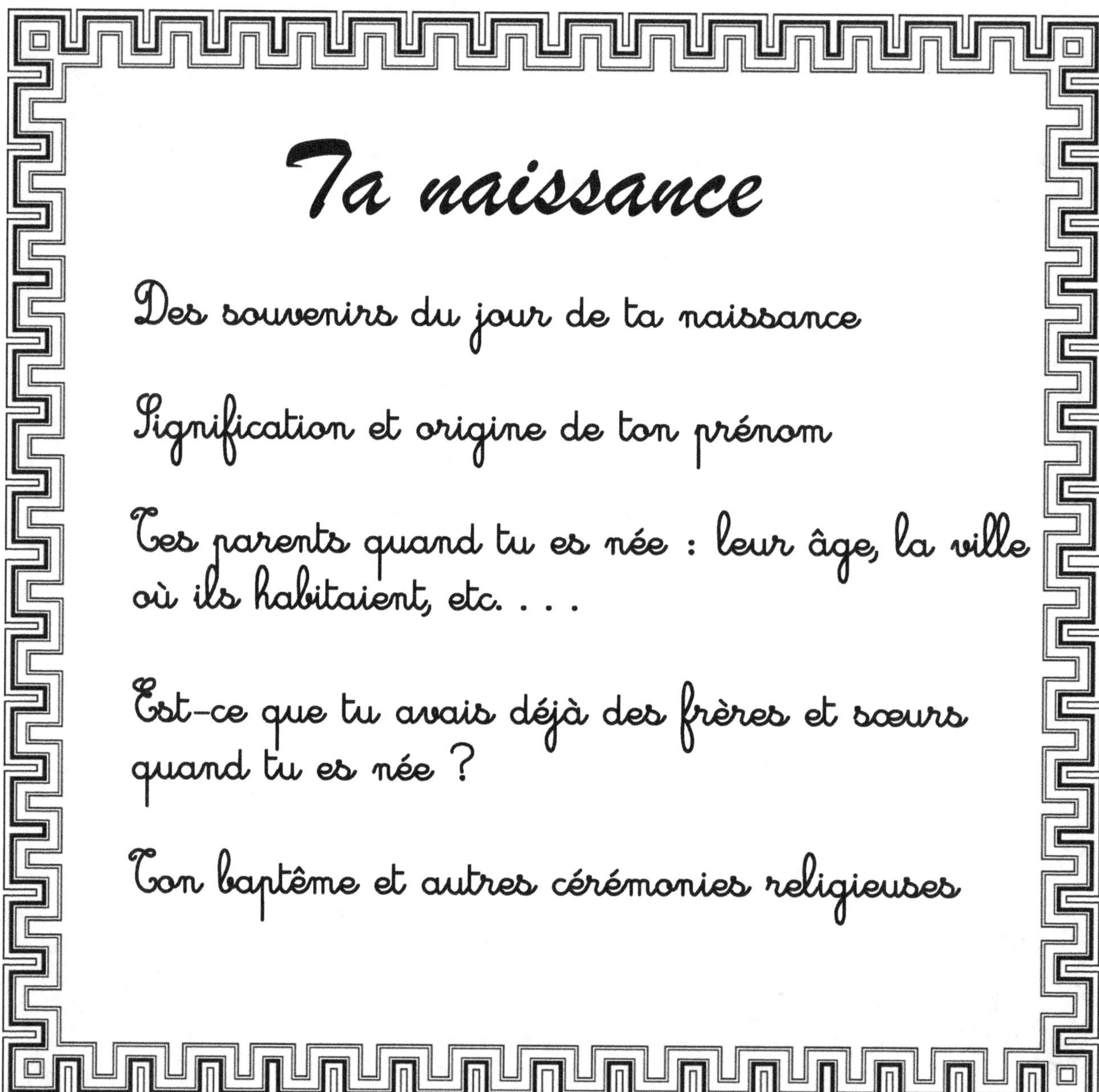

Ta naissance

Des souvenirs du jour de ta naissance

Signification et origine de ton prénom

Tes parents quand tu es née : leur âge, la ville
où ils habitaient, etc. . . . .

Est-ce que tu avais déjà des frères et sœurs
quand tu es née ?

Ton baptême et autres cérémonies religieuses

Ta naissance

Des souvenirs du jour de ta naissance

Ta naissance

Signification et origine de ton prénom

Ta naissance

Tes parents quand tu es née : leur âge, la ville où ils habitaient, etc. . . .

Ta naissance

Est-ce que tu avais déjà des frères et sœurs quand tu es née ?

Ta naissance

Ton baptême et autres cérémonies religieuses

DES PHOTOS DE TOI

Date : .. / .. / ....
Lieu : . . . .
Note :

Date : .. / .. / ....
Lieu : . . . .
Note :

DES PHOTOS DE TOI

Date : .. / .. / ....
Lieu : . . . .
Note :

Date : .. / .. / ....
Lieu : . . . .
Note :

Ton enfance

Date : .. / .. / ....

Lieu : . . . .

Note :

Ton enfance

La ville où tu as grandi
Tes animaux de compagnie
Tes ami(e)s d'enfance
Ton passe-temps préféré
Ce dont tu avais le plus peur
Tes vacances d'été
Ton lieu de vacances préféré
Ta plus grosse bêtise
La personne la plus âgée dont tu te souviennes
Ta relation avec tes frères et sœurs
Tes souvenirs d'école
Tes gros chagrins
Tes plus beaux souvenirs d'enfance
Des photos de toi

TON ENFANCE

La ville où tu as grandi

TON ENFANCE

Tes animaux de compagnie

TON ENFANCE

Tes ami(e)s d'enfance

TON ENFANCE

Ton passe-temps préféré

TON ENFANCE

Ce dont tu avais le plus peur

TON ENFANCE

Tes vacances d'été

TON ENFANCE

Ton lieu de vacances préféré

Ta plus grosse bêtise

TON ENFANCE

La personne la plus âgée dont tu te souviennes

TON ENFANCE

Ta relation avec tes frères et sœurs

TON ENFANCE

Tes souvenirs d'école

TON ENFANCE

Tes gros chagrins

TON ENFANCE

Tes plus beaux souvenirs d'enfance

DES PHOTOS DE TOI

Date : .. / .. / ....
Lieu : . . . .
Note :

Date : .. / .. / ....
Lieu : . . . .
Note :

DES PHOTOS DE TOI

Date : .. / .. / ....
Lieu : . . . .
Note :

Date : .. / .. / ....
Lieu : . . . .
Note :

Date : .. / .. / ....

Lieu : . . . .

Note :

Ta jeunesse

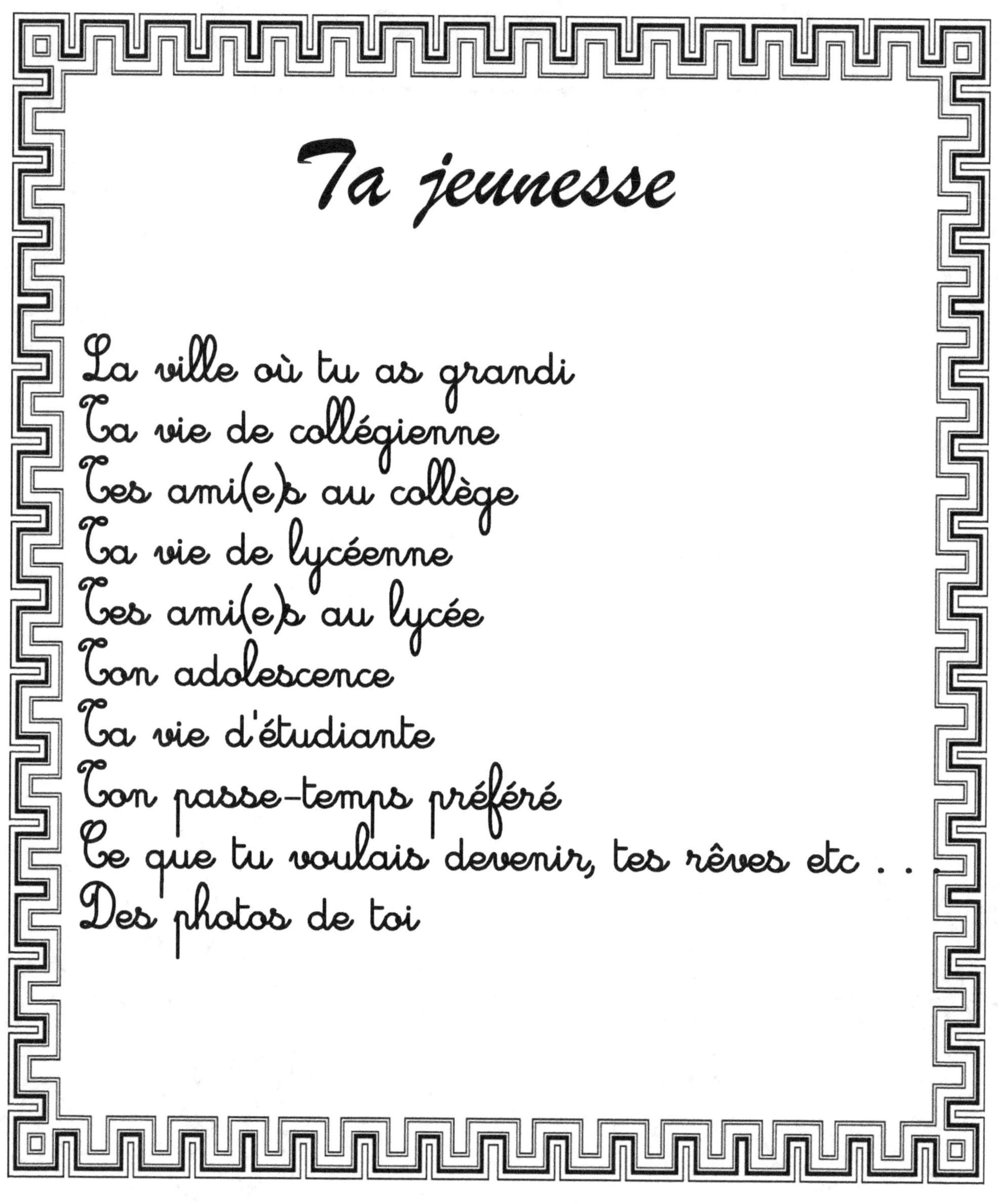

La ville où tu as grandi
Ta vie de collégienne
Tes ami(e)s au collège
Ta vie de lycéenne
Tes ami(e)s au lycée
Ton adolescence
Ta vie d'étudiante
Ton passe-temps préféré
Ce que tu voulais devenir, tes rêves etc . . .
Des photos de toi

La ville où tu as grandi

TA JEUNESSE

Ta vie de collégienne

TA JEUNESSE

Tes ami(e)s au collège

TA JEUNESSE

Ta vie de lycéenne

TA JEUNESSE

Tes ami(e)s au lycée

TA JEUNESSE

Ton adolescence

TA JEUNESSE

Ta vie d'étudiante

TA JEUNESSE

Ton passe-temps préféré

TA JEUNESSE

Ce que tu voulais devenir, tes rêves, etc . . .

DES PHOTOS DE TOI

Date : .. / .. / ....
Lieu : . . . .
Note :

Date : .. / .. / ....
Lieu : . . . .
Note :

DES PHOTOS DE TOI

Date : .. / .. / ....
Lieu : . . . .
Note :

Date : .. / .. / ....
Lieu : . . . .
Note :

Ta vie d'adulte

Date : . . / . . / . . . .

Lieu : . . . .

Note :

Ta vie d'adulte

Ton indépendance

Le plus beau cadeau de ta vie

Le plus beau souvenir de ta vie

La période la plus difficile de ta vie

Ta plus grande réussite

Ton plus grand échec

As-tu toujours vécu au même endroit ou est-ce que tu as beaucoup déménagé

Parle-nous de ton compagnon

Les moments inoubliables avec ton compagnon

Des photos de toi

Ta vie d'adulte

Ton indépendance

Ta vie d'adulte

Le plus beau cadeau de ta vie

Ta vie d'adulte

Le plus beau souvenir de ta vie

Ta vie d'adulte

La période la plus difficile de ta vie

Ta vie d'adulte

Ta plus grande réussite

Ta vie d'adulte

Ton plus grand échec

Ta vie d'adulte

As-tu toujours vécu au même endroit ou est-ce que tu as beaucoup déménagé ?

Ta vie d'adulte

Parle-nous de ton compagnon

Ta vie d'adulte

Les moments inoubliables avec ton compagnon

DES PHOTOS DE TOI

Date : .. / .. / ....
Lieu : . . . .
Note :

Date : .. / .. / ....
Lieu : . . . .
Note :

DES PHOTOS DE TOI

Date : .. / .. / ....
Lieu : . . . .
Note :

Date : .. / .. / ....
Lieu : . . . .
Note :

Tes enfants

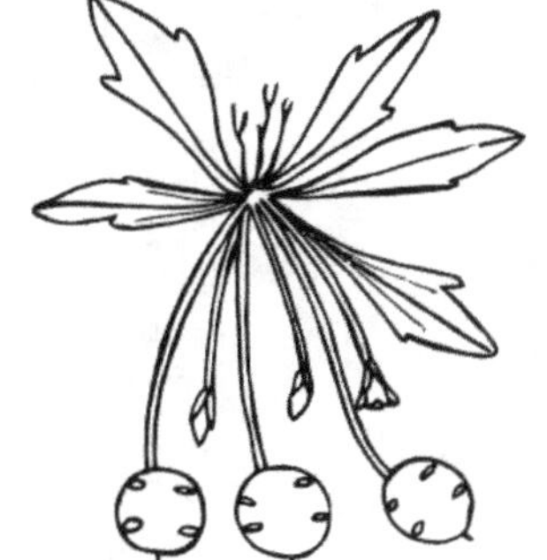
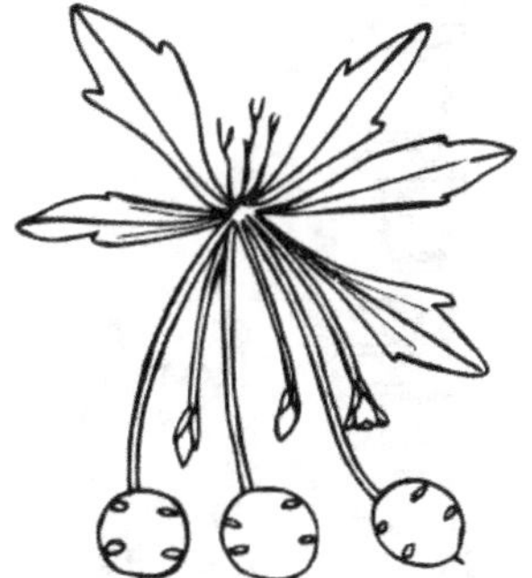

Date : . . / . . / . . . .

Lieu : . . . .

Note :

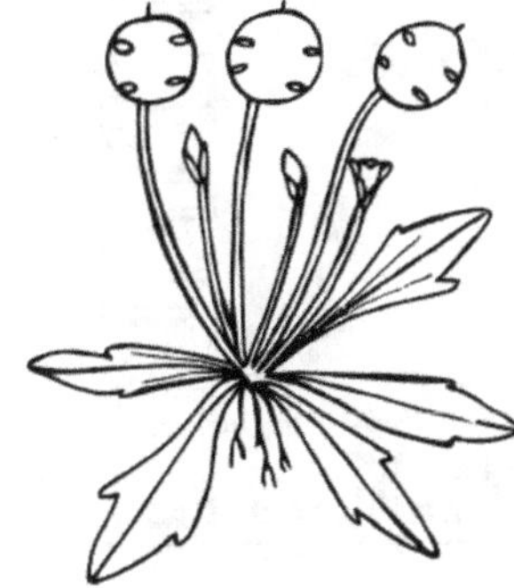
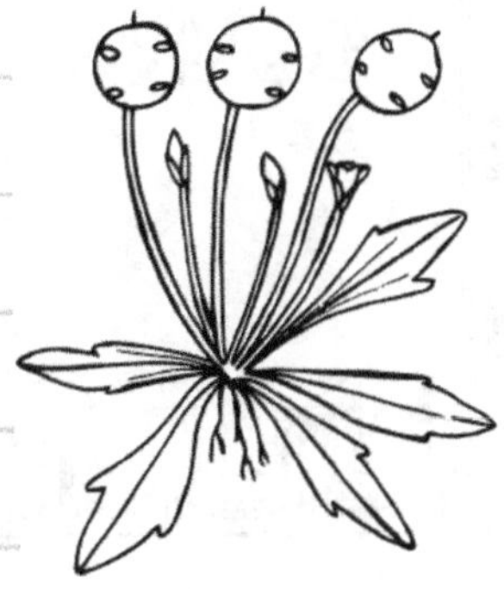

Tes enfants

Combien d'enfant voulais tu ? Combien en as-tu eu?

La naissance de ton premier enfant

Ce que tu aimes chez ton / tes enfants

Ce que tu n'aimes pas chez ton / tes enfants

Ta relation avec ton / tes enfants

Meilleur souvenir avec ton / tes enfants

Pire souvenir avec ton /tes enfants

Les parcours de tes enfants

Les moments inoubliables avec tes enfants

Est-ce que tes enfants sont mariés

Est-ce que tu as des petits enfants, parle nous d'eux

Des photos de tes enfants & petits enfants et petits enfants

TES ENFANTS

Combien d'enfant voulais tu ? Combien en as-tu eu?

TES ENFANTS

La naissance de ton premier enfant

TES ENFANTS

Ce que tu aimes chez ton / tes enfants

TES ENFANTS

Ce que tu n'aimes pas chez ton /tes enfants

TES ENFANTS

Ta relation avec ton / tes enfants

TES ENFANTS

Meilleur souvenir avec ton / tes enfants

TES ENFANTS

Pire souvenir avec ton / tes enfants

TES ENFANTS

Les parcours de tes enfants

TES ENFANTS

Les moments inoubliables avec tes enfants

TES ENFANTS

Est-ce que tes enfants sont mariés ?

TES ENFANTS

Est-ce que tu as des petits enfants ? Parle nous d'eux

DES PHOTOS DE TES ENFANTS & PETITS ENFANTS

Date : .. / .. / ....
Lieu : . . . .
Note :

Date : .. / .. / ....
Lieu : . . . .
Note :

DES PHOTOS DE TES ENFANTS & PETITS ENFANTS

Date : .. / .. / ....

Lieu : . . . .

Note :

Date : .. / .. / ....

Lieu : . . . .

Note :

Ta vie professionnelle

Date : .. / .. / ....

Lieu : . . . .

Note :

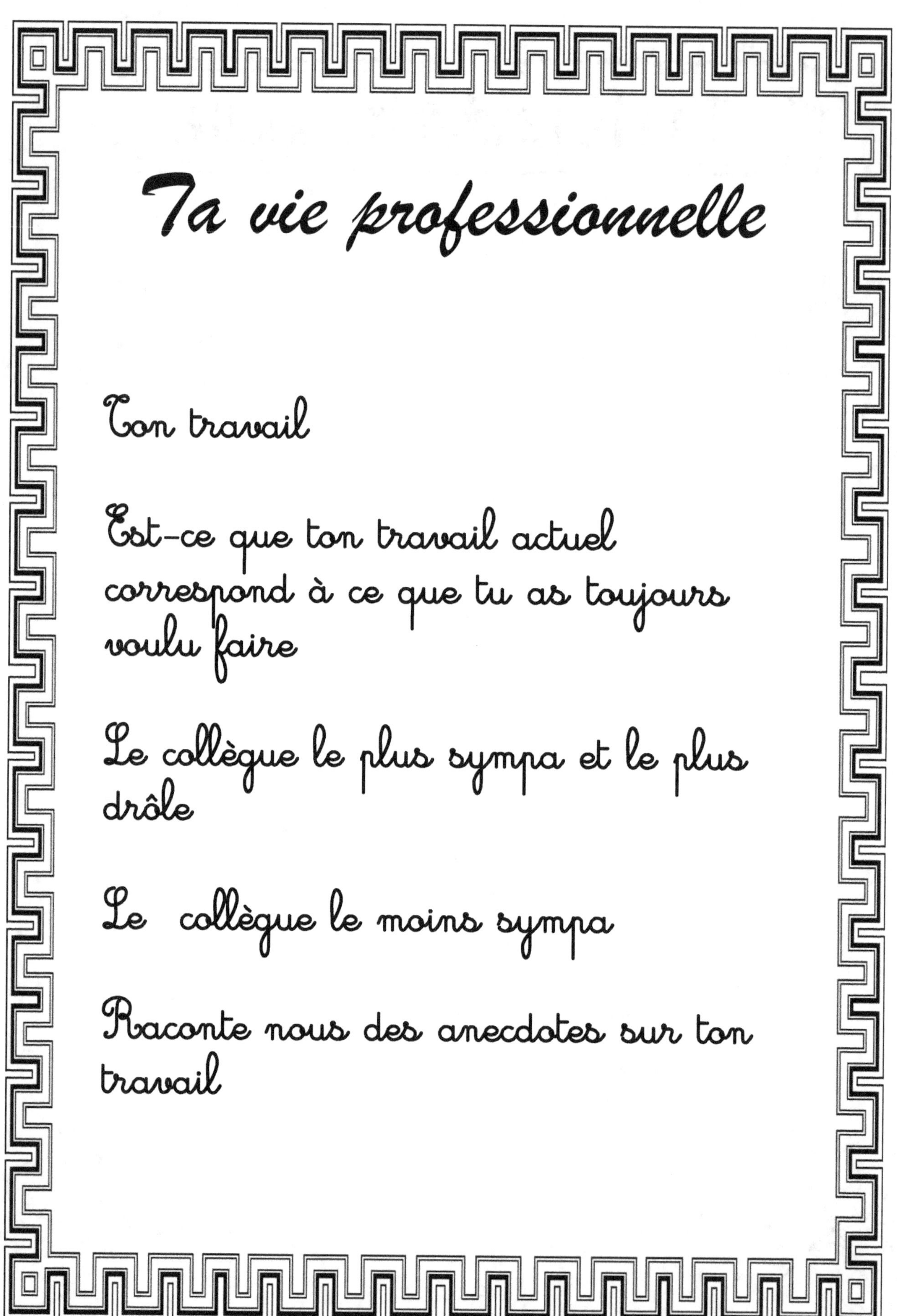

Ta vie professionnelle

Ton travail

Est-ce que ton travail actuel correspond à ce que tu as toujours voulu faire

Le collègue le plus sympa et le plus drôle

Le collègue le moins sympa

Raconte nous des anecdotes sur ton travail

Ta vie professionnelle

Ton travail

Ta vie professionnelle

Est-ce que ton travail correspond à ce que tu as toujours voulu faire

Ta vie professionnelle

Le collègue le plus sympa et le plus drôle

Ta vie professionnelle

Le collègue le moins sympa

Ta vie professionnelle

Raconte nous des anecdotes sur ton travail

DES PHOTOS DE TOI

Date : .. / .. / ....
Lieu : . . . .
Note :

Date : .. / .. / ....
Lieu : . . . .
Note :

DES PHOTOS DE TOI

Date : .. / .. / ....
Lieu : . . . .
Note :

Date : .. / .. / ....
Lieu : . . . .
Note :

Et maintenant

Et maintenant

Ta maison

Ta famille

Tes ami(e)s

Ta vie professionnelle, la suite . . .

Qu'est-ce que tu as connu et qui n'existe
plus maintenant

Un endroit particulier où tu rêves d'aller

Que souhaiterais tu faire maintenant

Ton ressenti le jour de tes 50 ans

Et la suite . . .

Et maintenant

Ta maison

Et maintenant

Ta famille

Et maintenant

Tes ami(e)s

Et maintenant

Ta vie professionnelle, la suite . . .

Et maintenant

Qu'est-ce que tu as connu et qui n'existe plus maintenant

Et maintenant

Un endroit particulier où tu rêves d'aller

Et maintenant

Que souhaiterais tu faire maintenant ?

Et maintenant

Ton ressenti le jour de tes 50 ans

Et maintenant

Et la suite . . .

Et maintenant

Et la suite . . .

Et maintenant

Et la suite . . .

DES PHOTOS DE TOI

Date : .. / .. / ....
Lieu : . . . .
Note :

Date : .. / .. / ....
Lieu : . . . .
Note :

DES PHOTOS DE TOI

Date : .. / .. / ....
Lieu : . . . .
Note :

Date : .. / .. / ....
Lieu : . . . .
Note :

Collection : **MavieÔtop**

© 2021